bRO, MAN!

Mein erstes Buch

Schüler R7:

Jan Stoltin

Ben Waldschmidt

Nico Peters

Klassen- Deutschlehrerin:

Christina von Seckendorff

Herausgeber: Christina von Seckendorff

Autor: Jan Stolting & Ben Waldschmidt& Nico Peters

Umschlaggestaltung, Illustration: tredition.de

Korrektorat: Christina von Seckendorff

Verlag & Druck: tredition GmbH, Halenreie 40-44, 22359 Hamburg

ISBN: 978-3-347-04790-7 (Paperback)

ISBN: 978-3-347-04791-4 (Hardcover)

ISBN: 978-3-347-04792-1 (e-Book)

Bibliografische Information der Deutschen Nationalbibliothek:
Die Deutsche Nationalbibliothek verzeichnet diese Publikation in der Deutschen Nationalbibliografie; detaillierte bibliografische Daten sind im Internet über http://dnb.d-nb.de abrufbar.

Inhaltsverzeichnis

Die geheimnisvolle Insel: Eine spannende Reise zur geheimnisvollen Insel

von Jan Stolting

Kapitel 1: Der Dachboden

Als Jones freudestrahlend von der Schule nach Hause kommt, zeigt er seiner Mutter die Mathe-Arbeit, die er heute zurück bekommen hat. Voller Stolz sieht sie, dass er eine 1 geschrieben hat, obwohl er so viel Angst vor der Arbeit hatte. Endlich hat er Zeit auf seinen geliebten Dachboden zu gehen, um da ein bisschen herumzuschnüffeln. Als es draußen langsam dunkel wird, findet Jones ein Tagebuch von seinem Opa. Voller Anspannung fängt er an zu lesen. Das Buch erzählt von seiner Reise, zu einer unbekannten Insel. Jones ist begeistert. Aber das Buch ging an einer bestimmten Stelle nicht weiter, weil sein Großvater aufgehört hat zu schreiben. Was ist passiert? Sein Opa war Archäologe und Forscher. Sein Leben lang war er auf der Suche nach unerforschten Inseln. Inseln, die noch auf keiner Karte verzeichnet sind. Aber leider ist sein Opa von seiner letzten Expedition vor zwei Jahren nicht mehr zurück gekommen. Jones ist sehr traurig. Er vermisst seinen Opa. Er hatten eine enge Bindung zu ihm. Da fällt Jones ein, dass sich sein Opa, bevor er verschwand, vier Bücher von vier verschiedenen Autoren mit ihm angesehen hat. Jones sucht auf dem Dachboden nach diesen Büchern. Er möchte irgendwelche Hinweise finden, wo sein Großvater zuletzt gewesen sein könnte. Jones ist sich sicher, dass sein Opa noch lebt, auch wenn sein Vater anderer Meinung ist. Es wurde spät abends, als sein Vater nach Hause kommt.

Jones, hat in der Zwischenzeit alle vier Bücher gefunden und sucht verzweifelt nach Hinweisen. Sein Vater Tim kommt zu ihm auf den Dachboden. Tim: „Hallo Jones, was machst du hier?" Jones: „Hallo Papa. Sieh mal, ich habe die Bücher, die mir Großvater vor seinem Verschwinden gezeigt hat gefunden. Ich bin mir sicher, sie können uns helfen Opa zu finden! „Jones hat Tränen in den Augen. „Wir müssen nach ihm suchen, bitte!" Tim: „Jones, dein Opa wäre zurückgekommen, wenn ihm nichts passiert wäre. Mach dir nicht so viele Hoffnungen. "Aber Tim sieht Jonas Verzweiflung und sieht sich die Bücher mit ihm an. Nachdem er sich alle vier Bücher angesehen hat, fällt ihm etwas auf. Aus jedem Buch reißt er eine Karte heraus.Jones sieht aufmerksam zu: „Was, machst du da? Was sind das für Karten? "Tim: „Sieh mal." Sein Vater legt die einzelnen Karten aufeinander. „Sieh mal Jones, alle vier Karten zusammen, ergeben....Jones und Tim rufen gemeinsam:"......eine Insel!!!!" Beim genauen Hinsehen erkennen sie sogar die Koordinaten der Insel. Und sie finden noch eine Karte. Auf dieser sind noch mehr Inseln, mitten im Pazifischen Ozean verzeichnet. Eine davon hat einen Namen: Kingman Reef. „Papa, das ist super! Da müssen wir hin! Nach Kingman Reef und dort mieten wir uns ein Boot oder wir fliegen!" Tim: „ Jones beruhige dich. Ich glaube nicht, dass wir die Insel erreichen werden. Und jetzt ist Schluss. Geh schlafen. Es ist schon spät." Tim geht zur Treppe und verlässt den Dachboden. Jones ist wieder allein. Eine Träne läuft über seine Wange.

Kapitel 2: Der nächste Morgen

Am nächsten Morgen kommt Jones Vater ins Zimmer und hat Tickets in der Hand. Auf denen steht in großer Schrift: *Kingman Reef.* Als Jones sie sieht, fragt er hoffnungsvoll: „Ich fliege nach Kingman Reef?" Tim antwortet: "Nein, natürlich nicht." Jones blickt enttäuscht zu Boden. Tim schmunzelte: "WIR fliegen nach Kingman Reef. Du kannst doch nicht alleine fliegen!" Jones hebt seinen Kopf und grinst. Er kann es nicht glauben. Er fällt seinem Papa um den Hals.

Nachdem sie ihre Koffer gepackt haben, fahren sie zum Flughafen. Nach einem langen 20 stündigen Flug erreichen sie endlich Kingman Reef. Eine kleine Insel mit einem kleinen Flughafen. Erschöpft nehmen sie sich ein Taxi und lassen sich zum Hafen fahren. Hier werden sie etwas essen und übernachten, um sich am nächsten Tag ein Boot zu mieten. Jones kann kaum schlafen vor Aufregung. Am nächsten Morgen springt er aus dem Bett. „Los Papa, wir stärken uns mit einem Frühstück und dann suchen wir uns ein Boot!" Nach einem schnellen Frühstück, laufen sie zum Hafen. Im Hafen sehen sie mehrere Boote, die friedlich in den Wellen schaukeln. Die

Sonne glitzert auf dem Wasser und voller Zuversicht spricht Jones einen Kapitän an und zeigt ihm die Koordinaten. Der Kapitän antwortet: "Wo wollen sie hin? Sind sie verrückt, das ist lebensgefährlich! Wissen sie nicht, das das ein Bootsfriedhof ist?" Jones und Tim erschrecken. Damit haben sie nicht gerechnet. „Wir zahlen ihnen auch 4.000 amerikanische Dollar!" bittet Tim. Da taucht plötzlich ein fremder Mann auf, der ihnen zugehört hat. „Ihr sucht jemanden, der euch zur anderen Seite bringt? Ich kann euch helfen." Jones und Tim folgen ihm. Was ein Glück, dass sie den netten, hilfsbereiten Mann gefunden haben. Er sieht zwar sehr verwahrlost aus, aber immerhin hilft er uns, denkt Jones. Nachdem sie an ein paar Booten vorbei gegangen sind, taucht eine große Yacht auf. „Wow, sieh mal Papa, so ein schönes Schiff!" Sie gehen auf die Yacht zu und ...gehen daran vorbei. Nach wenigen Schritten erscheint nun ihr Transportmittel. Ein alter, rostiger Hubschrauber. „Äh Papa, ist das sein Ernst? Das Ding kann doch nicht fliegen?" Da steigt ein hübsches, blondes Mädchen aus dem Hubschrauber. Sie ist etwa in Jones Alter. Jones Augen werden immer größer: "Das ist ein super

Hubschrauber, der bringt uns ganz sicher zur Insel." Tim grinst von einem Ohr zum nächsten. Der Mann ruft dem Mädchen zu:" Mia, kommst du mal!" Das Mädchen kommt auf Jones und seinen Vater zu. Jones ist hin und weg. Das Mädchen fragt: "Wer sind die beiden?" Der Mann spricht zu Jones und Tim um sich und seine Tochter vorzustellen:" Also, ich bin Bill und das ist Mia, meine Tochter. Mia, das sind unsere Kunden." Mia: "Wo wollt ihr hin?" Jones antwortete: „Hier hin." Er zeigt ihr die Koordinaten. Das Mädchen erwidert: "Nein Papa. Das machen wir nicht. Das ist zu gefährlich. Bill nimmt sie beiseite und sagt leise: „Sie zahlen 4000 amerikanische Dollar, damit kannst du dir dein Studium finanzieren. Überlege mal!" Tim sagt besorgt zu Jones: „Jones, niemals fliegt uns dieser Schrotthaufen sicher zur Insel." Jones sieht lächelnd zu Mia: „Ach Papa, sieh das doch nicht so eng. Das klappt schon." Tim: „Oh Jones, wenn das mal gut geht."

Kapitel 3: Ankunft

Sie steigen ein und Bill startet den Motor. Der Hubschrauber hebt ab und wackelt heftig. Bill sagt: „Wenn sie links raus gucken dann seht ihr die linke Seite des Pazifischen Ozeans und wenn ihr rechts rausguckt seht ihr den anderen Teil des Pazifischen Ozeans. Tim fragt: „Geht es die ganze Zeit so? Mir wird schlecht." Bill grinst und antwortet: „Ihr habt die Luxustour gebucht." Kurz vor dem Ziel sehen sie riesige Gewitterwolken. Jones: „Die Koordinaten führen genau da rein." Mia ruft: „Auf keinen Fall, das überleben wir nicht!" Jones: „Doch, wir müssen!" Bill fliegt genau in die Wolke rein. Sie werden durchgeschüttelt. Der Hubschrauber droht die Kontrolle zu verlieren. Alle an Bord fangen an zu schreien. Da sehen sie Sonnenstrahlen, die Wolken reißen auf. Sie haben es geschafft. Der Hubschrauber ist total zerdellt. Als sie aus der Wolke herausfliegen, sehen sie die Insel. Oh je, sie steuern direkt auf sehr viele Windhosen zu. Plötzlich werden sie von einer Windhose erwischt.....alles wird still. Jones schlägt die Augen auf. Er sieht den blauen Himmel über sich. Dann bemerkt er, dass sie abgestürzt sind. Aber wo sind die anderen. Er ruft nach seinem Vater, Mia und Bill. Nichts. Nach einer Weile hört er ihr Rufen. Zum Glück haben alle überlebt. Tim sagt: „Lass uns nach nützlichen Sachen suchen, die wir gebrauchen können. Vielleicht finden wir den Hubschrauber, mit all unseren Sachen. Tim: „Gute Idee!" Sie laufen los. Sie laufen durch tiefsten Urwald und Dickicht. Es ist schwer durchzukommen. Hinzu kommt, dass es sehr heiß ist und sie nichts zu trinken und zu essen haben. Bill ruft: „Hier ist was, ich habe etwas gefunden." Alle gehen zu ihm und finden einen Propeller des Hubschraubers. Sie sehen sich weiter um und da, da ist die Kabine. Sie suchen alles ab und finden um den Hubschrauber verteilt alle ihre Sachen wieder.

Kapitel 4: Die Expedition startet

Sie ziehen los und nach einer Weile stehen sie vor einer hohen Felswand. Und nun? Mia entdeckt einen Spalt in der Wand und da gehen sie durch. Nachdem alle durch gegangen sind, sehen sie die ganze Insel vor sich. Eine wunderschöne Insel, mit einem langen breiten Strand, Felsküste und undurchsichtigem Urwald. Sie sind sprachlos von der Schönheit der Insel. Sie erkunden zusammen die Insel. Weil es sehr heiß ist, bewegen sie sich nur noch am Rande des Urwaldes, wo es schön kühl und schattig ist. Plötzlich bemerkt Jones wie sein Magen knurrt. Jones sagt: „Ich habe Hunger, aber wo und wie sollen wir etwas zu essen finden? Keiner der Anderen antwortet. Nachdem sie ca. eine Stunde weitergelaufen sind entdeckt Jones Vater einen flachen Fluss, der aus dem Urwald kommt und in das Meer fließt. Tim schlägt vor: „Lasst und doch durch den Fluss in den Urwald laufen, so kommen wir gut durch und finden vielleicht auch etwas Essbares". Gesagt getan, Tim, Jones, Mia und Bill folgen dem Fluss in Richtung Regenwald. Jones spürt die angenehme Kühle des Regenwaldes. Plötzlich rutscht Mia auf einem glitschigen Stein aus. Jones kann sie gerade noch abfangen, bevor sie ins Wasser fällt. Mia bedankt sich und lächelt Jones an. Jones ist verlegen und weiß nicht, was er sagen soll. Da entdeckt er plötzlich über sich eine große Bananenstaude. „Essen in Sicht!", schreit er außer sich. Tim ist der Größte aus der Gruppe. Mit einem Stock schafft er es die Bananenstaude abzubrechen. Endlich können sich alle satt essen. Obwohl die Bananen außen noch grün sind, schmecken sie süß und sehr viel besser als alle Bananen die Jones bisher nur aus dem Supermarkt kannte. Zu Trinken war kein Problem, schließlich hatten sie Wasser genug. Der Fluss in dem sie gelaufen sind, ist kristallklar und das Wasser schmeckt kühl und erfrischend.

Kapitel 5: Die erste Nacht

Es ist früher Nachmittag und die Vier müssen sich langsam Gedanken machen, wo sie schlafen können. „Auf dem Boden" ,sagt Bill, „sei es zu gefährlich". Es könnten giftige Schlangen, Spinnen und andere Krabbeltiere geben. Außerdem weiß keiner von ihnen, welche anderen großen Tiere es auf dieser Insel gibt. Das Mädchen Mia schlägt vor, einen Schlafplatz in den Bäumen einzurichten. Jones findet diese Idee wunderbar. Schnell ist ein Baum gefunden, dessen großen Äste sich in ca. drei Meter Höhe teilen. Dort soll für alle ein Schlafplatz entstehen. Es stellt sich nur die Frage wie man ohne Leiter in die drei Meter hohe Baumkrone kommen kann. Der Hubschrauberpilot Bill hat da eine Idee. Aus mehreren Lianen knotet er einen langen Strick. Diesen wirft er sehr geschickt über die Baumkrone und zieht das andere Ende an sich heran. Nun hat er eine Art Flaschenzug. Seine Tochter Mia knotet sich das eine Ende der Lianen um die Hüfte und wird Null Komma nix in die Höhe gezogen, bis sie oben in der Baumkrone steht. Nach und nach werden Äste, Stöcke und Buschwerk nach oben in die Baumkrone befördert um dort oben ein Plateau einzurichten. Alle vier machen es sich in der Baumkrone gemütlich, als so langsam die Sonne untergeht. Da fängt es leise an zu brummen. Das Brummen wird immer lauter. „Autsch!" schreit Jones, „Mich hat was angegriffen und gestochen!" Da fangen alle an, wie wild in der Gegend herumzuschlagen. Alle schreien und versuchen sich gegen die Angreifer zu wehren. „Was ist das bloß?", schreit Mia. Es brummt und summt und sticht. Sie müssen aufpassen nicht vom Baum zu fallen. Tim: "Das sind ja Monster- Moskitos, Aua!" Da lässt sich Bill vom Baum abseilen, er hat eine Idee. Schnell sucht er Material zusammen, um ein Feuer zu machen. Der Rauch soll die lästigen Moskitos vertreiben. Es dauert nicht lange, da kriecht der süßlich riechende Duft vom Lagerfeuer in die Baumwipfel und tatsächlich vertreibt es die lästigen Plagegeister. Und dann geht es erst richtig los. Es fängt an zu jucken. Alle kratzen und jammern. An Schlaf ist nicht zu Denken.

Kapitel 6: In Gefahr

Gerädert von der Nacht wacht einer nach dem anderen auf. Sie haben alle kaum geschlafen und vom nächtlichen Angriff sind ihre Körper übersät mit großen, eitrigen, juckenden Pusteln. Mia: „Oh mein Gott, wie sehen wir denn aus und es juckt fürchterlich! Ich halte das nicht aus!" Jones sich kratzend: „Opa hat mir mal aus einem Überlebenskampf – Buch vorgelesen. Da stand drin, man kann Asche auf juckende Insektenstiche reiben. Das soll helfen." Eilig greifen sie alle in die Asche, die aus dem Feuer entstanden ist. Es dauert nicht lange und sie werden von dem brennenden Jucken erlöst. Mia:" Jones, du bist mein Held!" Jones wird rot im Gesicht. Tim: "Wir müssen uns jetzt was zu essen suchen." Sie gehen los. Bill hört etwas rascheln, dreht sich um, sieht aber nichts. Sie gehen weiter. Sie finden eine Bananenstaude und ein paar Beeren. Nachdem sie gegessen haben gehen sie weiter. Bill fühlt sich schon wieder beobachtet. Mia zu Bill: "Dad, ich habe das Gefühl, dass wir beobachtet werden." Sie schaut sich um. Es raschelt. Sie zuckt zusammen. "Hast du das gehört?" Bill: "Ich denke das auch schon die ganze Zeit. Es ist aber nichts zu sehen. Wahrscheinlich ist es nur ein Tier oder der Wind" beruhigt er sie. Unsicher schaut sich Mia nochmal um und geht weiter. Sie gehen wieder am Fluß entlang. Nach einer Weile kommt ein Wasserfall. Tim sagt : "Lass uns da runter klettern. Wir müssen versuchen, dem Wasser weiter zu folgen." Bill klettert als erster runter. Dann Tim. Mia bekommt es mit der Angst zu tun. Mia ängstlich: " Ich kann das nicht! Das ist viel zu hoch! Ich habe Angst." Jones:" Hab keine Angst. Schau einfach nach oben. Ich helfe dir." Er reicht ihr seine Hand. Mia schöpft ihren Mut zusammen und nimmt seine Hand. Mia: „Schon wieder bist du mein Held." Ganz tief schaut sie ihm in die Augen. Nachdem alle unten sind, entdeckt Bill etwas. „Seht mal, das sieht aus, wie eine Höhle. Sie befindet sich direkt hinter dem Wasserfall. Sie balancieren an der Felswand entlang und gelangen so in die Höhle. Alles ist plötzlich dunkel. Es ist sehr laut, durch das Rauschen des Wasserfalls. Jones fällt etwas ein. Er kramt in seinem Rucksack und findet sein Feuerzeug. Er macht es an. Er sagt zu den anderen: „Wir brauchen einen Stock und müssen etwas finden das brennt und was wir dann am Stock befestigen können. Wie eine Fackel." Mia holt Papier aus ihrem Rucksack und gibt es Jones. Er bindet das Papier um denn Stock und zündet es an. Jones: „Lasst uns weiter in die Höhle gehen." In der Höhle ist es kalt, feucht und dunkel. Der Boden ist glitschig und von der Decke hängen seltsame Fäden, die wie Haare oder Zöpfe aussehen. Die Gruppe ist etwa 500 Schritte tief in die Höhle gegangen, als plötzlich Tim einen lauten Schrei von sich gibt. Im Schein der Fackel kann Jones etwa 3m vor ihm ein Skelett erkennen. Das Skelett sieht schon ziemlich alt aus. Es hat einen zerlöcherten Piratenhut auf dem kahlen Schädel. Neben dem Skelett liegt ein Säbel. Jones denkt nach: Wenn das Skelett einen Piratenhut auf hat und daneben ein Säbel liegt, kann es sich nicht um seine Opa handeln. Das beruhigt ihn. Nachdem sie sich alle beruhigt haben gehen sie weiter in die Höhle hinein. Nach dem sie ca. weitere 400m gelaufen sind, entdecken sie immer mehr Skelette auf dem Boden. Bill und Tim rätseln woran die Menschen gestorben sein könnten. Da entdeckt Mia ein riesiges Spinnennetz weiter hinten in der Höhle. Auf dem Spinnennetz befinden mindestens 10 bis 15 handtellergroße schwarze Flecke. Irgendetwas scheint auf den Flecken zu funkeln. Jones hat plötzlich das Gefühl das die Flecke sich bewegen. Und tatsächlich bewegen sich auf einmal alle Flecke auf sie zu. „Riesenspinnen", schreit Mia, "rennt um euer Leben!!!" Die Gruppe macht kehrt und rennt zum Höhleneingang. Die Spinnen sind jetzt überall. Am Boden, an den Wänden, an der Decke. Aus sämtlichen Löchern kommen immer mehr. Eine sitzt jetzt auf Bills Bein. Er schreit und schüttelt sein Bein, sodass dieses Ungeheuer in hohem Bogen weg fliegt. Kurz vor dem Ausgang legen sie eine Vollbremsung ein. Mindestens 10 Spinnen lassen sich genau davor abseilen. Mia: "Oh mein Gott! Was machen wir jetzt?" Jones schwingt seine Fackel in alle Richtungen. Die Spinnen verziehen sich. Puh! Sie haben es gerade noch geschafft raus zukommen. Sie klettern vom Felsen und laufen weiter am Flussufer entlang, bis sie sich sicher fühlen. Es wird langsam dunkel. Sie errichten ihren Schlafplatz und Jones zündet zur Sicherheit ein Lagerfeuer an. Die Gruppe ist müde und hofft das es die Killer-Spinnen nur in der Höhle und nicht im Urwald gibt. Kurz darauf sind alle eingeschlafen.

Kapital 7: Wo ist Bill?

Am Nächsten Morgen wachen sie alle hintereinander auf. Doch einer fehlt? Bill, wo ist Bill? Mia ruft nach ihm: „Dad? Dad, bist du da? Wo bist du?" Sie macht sich langsam Sorgen. Tim sagt: „Er ist bestimmt nur zum Wasser gegangen. Er kommt bestimmt gleich wieder." Nach einer Weile machen sich alle Sorgen. Sie müssen ihn finden. Schnell packen sie ihre Sachen ein und fangen an Bill zu suchen. Jones schlägt vor: „Jeder sucht in einer anderen Richtung und in einer halben Stunde treffen wir uns wieder hier am Felsen." Sie gehen alle los. Nach einer halben Stunde treffen sich Jones und Mia wie verabredet am Felsen. Kurz danach kommt Tim angerannt. In seiner Hand hat er einen Schuh. „Das ist doch der Schuh von Bill!" ruft Mia. Tim: „Ich habe ihn in ca. 5 Minuten in dieser Richtung gefunden. Außerdem habe ich eine Schleifspur auf dem Boden gesehen. Vielleicht ist er entführt worden? Dann wären wir nicht die einzigen Menschen auf dieser Insel." Jones antwortet: „Es sieht alles danach aus. Wir haben eine Schleifspur und Bill hat seinen Schuh verloren. Wir müssen der Schleifspur folgen und wir müssen unsere Ausrüstung mitnehmen." Tim sagt: „Aber wir wissen doch gar nicht was die für Waffen haben?" Mia sagt: „Wir müssen trotzdem was tun. Vielleicht ist er in Gefahr? Wir müssen Dad helfen!" Jones: „Lasst uns jetzt sofort losgehen. Wir sollten uns beeilen. Nicht das wir zu spät kommen." Nach wenigen Minuten finden sie die Schleifspur im Laub wieder und folgen ihr. Sie gehen durch den Urwald und weiter über eine Lichtung. In der Ferne sehen sie einen bewaldeten Hügel. Hinter dem Hügel steigt Rauch auf. Sie schleichen auf den Hügel. Je näher sie kommen, desto lauter hören sie ein Trommeln. Es wird lauter und lauter. Sie schauen vorsichtig über den Hügel. Unten sehen sie einen riesigen Tempel. In der Mitte vom Tempel brennt ein Feuer. Auf dem Feuer ist ein riesiger Topf aus Ton. Der Topf ist mit einer Flüssigkeit gefüllt. Um dem Topf herum sitzen Frauen. Sie tragen Röcke aus Fasern und ihre Gesichter sind bunt angemalt. Die Frauen schneiden Gemüse und werfen das Gemüse in den Topf. Mia sagt: „Da liegt Bill auf dem Tisch! Die wollen ihn doch nicht kochen oder?" Und tatsächlich. Bill liegt auf einem Steintisch. Er scheint ohnmächtig zu sein und auf seiner Stirn ist Blut zu sehen. Tim fragt entsetzt: „Wollen die ihn essen?" Jones sagt:

„Wir müssen ihn retten!" Die Tempelanlage ist so groß, wie ein Fußballfeld. In der Mitte befindet sich der Feuerplatz. Vor dem Tempel sitzen Männer und trommeln. Andere Männer tanzen im Rhythmus der Trommeln. Wie sollen Mia, Jones und Tim unbemerkt in die Tempelanlage kommen um Bill zu befreien? Plötzlich sehen sie wie Bill sich auf dem Tisch bewegt. Sofort stehen die Frauen auf und gehen zu ihm. Sie tupfen ihm das Blut von der Stirn. Bill wacht in diesem Moment aus seiner Ohnmacht auf. Er sieht, wie bunt gekleidete Frauen auf ihn zukommen. Er bekommt es mit der Angst zu tun. Die Frauen sprechen zu ihm: „Hier trink. Du bist sicher durstig." Bill wundert sich:" Woher könnt ihr Deutsch?" Sie antworten: „Das hat uns Ben beigebracht." Sie lächelt. Jones und die anderen sehen gespannt zu: „Seht mal, die unterhalten sich." Tim sagt:" Wollen wir hin gehen?" Mia antwortet:" Ja, lass uns gehen." Sie gehen runter. Als die drei am Lagerfeuer ankommen, werden sie sehr herzlich von den Frauen begrüßt. Bill ist sehr froh, sie zu sehen. Mia umarmt vor Glück ihren Vater. „Warum hast du Blut auf deiner Stirn? Haben sie dich angegriffen?" Bill: „Nein mein Schatz. Ich wollte kurz austreten, da bin ich über eine Wurzel gestolpert und mit dem Kopf auf einen Stein geknallt. Mehr weiß ich nicht. Als ich aufgewacht bin, waren die Frauen bei mir. Jetzt seid ihr zum Glück da." Jones fragt verwundert: „Warte mal, warum kannst du mit ihnen reden?" Er wendet sich zu den Frauen. Eine von ihnen antwortet: „Wir haben vor langer Zeit einen Mann am Strand gefunden. Er ist mit seinem Boot gekentert und hier angespült worden. Er war halb ertrunken. Aber wir konnten ihn retten. Als Dank, hat er uns eure Sprache gelehrt." In Jones Bauch fängt es an zu kribbeln, vor Aufregung. „Habt ihr meinen Großvater gefunden? Er heißt Ben!" Sie sagen: „Ja, so ist sein Name." Tim: „Wo ist er? Das ist mein Vater! Wir suchen ihn. Wir dachten er wäre tot! Oh mein Gott Jones, du hattest recht!" Tim fragt: „Wo ist er?" Die Frau erwidert: „Wissen wir nicht. Wir wissen nur, dass er auf der anderen Seite der Insel sein Haus hat." Eine der Frauen, ihr Name ist Malu bietet an: „Ihr könnt gerne die Nacht hier bleiben. Wir können gemeinsam essen und morgen könnt ihr mit ausreichend Proviant starten. Wir können euch erklären, wie ihr zur anderen Seite kommt." Alle freuen sich über das Angebot und wollen bleiben. Es ist ein schönes Dorf. Langsam kommen Kinder und andere Bewohner aus ihren Hütten. Gemeinsam sitzen sie am Abend am Feuer, essen und trinken zusammen. Und sie erzählen von Ben. Wie sie ihn gefunden haben und wie er die letzten beiden Jahre bei ihnen gelebt hat. Am nächsten Morgen wollen sie ganz früh aufbrechen.

Kapitel 8: Kaum zu glauben

Nach dem Frühstück packen sie ihre Sachen zusammen. Nachdem Malu ihnen noch Proviant gegeben hat, zeigt sie ihnen in welche Richtung sie gehen müssen. Alle bedanken sich herzlich für die Gastfreundschaft und dann ziehen sie los. Nachdem sie schon einige Zeit unterwegs sind sagt Jones: „Ich hoffe wir finden meinen Opa." Bill: „Ich hoffe das auch. Und ich hoffe, er weiß, wie wir wieder von der Insel runterkommen. Wir können ja schlecht ein Floss bauen. Damit schaffen wir es nicht über die Brandung." Alle werden ganz still und denken nach. Jones hat wieder eine Idee. Er zeigt auf einen Berg: „Lasst uns nach oben auf den Berg gehen. Von da können wir besser die andere Seite der Insel sehen." Oben angekommen, sehen sie Rauch aufsteigen. Und sie sehen nicht nur Rauch. Sie sehen auch ein Haus, mit einem kleinen Garten drum herum. Aufgeregt laufen sie darauf zu. Und dann kommt jemand aus dem Haus heraus. Jones und Tim trauen ihren Augen nicht. Jones ruft: „Opa! Wir haben dich gefunden! Du lebst!" Ben: „Jones? Tim? Das gibt es doch nicht. Wie seid ihr denn hierher gekommen?!" Sie umarmen sich. Wollen sich gar nicht mehr loslassen. Mia hat Tränen in den Augen. Tim: „Vater, ich bin so froh, dass du noch lebst. Jones hat keine Ruhe gegeben. Er wollte dich unbedingt suchen. Das sind Bill und seine Tochter Mia. Sie haben uns mit ihrem Hubschrauber hierher gebracht. Aber erzähl, wie konntest du überleben?" Ben: „Ich war auf der Suche, nach dieser Insel hier. Sie ist auf keiner Karte verzeichnet. Ich habe lange geforscht, bis ich die Koordinaten gefunden habe. Ich konnte mir nicht erklären, warum sie nirgends verzeichnet wurde. Nachdem ich aber mit meinem Boot gekentert bin, fast ertrunken wäre, wenn nicht die Eingeborenen mich gerettet hätten, weiß ich es. Es ist unmöglich, mit einem Boot die Insel zu erreichen.

Es gibt zu viele Strömungen und die Brandung ist zu stark. Und fliegen geht auch nicht. Wegen der Stürme. Es ist eigentlich unmöglich, es bis hierher zu schaffen." Jones. „ Was machen wir jetzt? Wie kommen wir hier wieder runter?" Ben: „Ich zeig euch was." Sie gehen zum Strand und sehen eine Art Boot. Ben: „Seht, ich habe aus den herangeströmten Boots- und Flugzeugteilen ein neues Boot gebaut. Ein U- Boot. Damit können wir unter der Strömung durchtauchen. Damit können wir es schaffen." Sie bauen das Boot fertig, sodass sie nach ein paar Tagen einsteigen und Richtung Heimat fahren können.

Kapitel 9: Home sweet Home

Ein Monat nach ihrer Rückkehr hat Jones Geburtstag. Alle sind versammelt. Jones, seine Eltern und sein Opa. Es klingelt an der Tür. Jones wundert sich. Er erwartet niemanden. Er öffnet die Tür und davor stehen Bill und Mia. „Überraschung!" rufen sie. Jones freut sich riesig. Sie umarmen sich. Gemeinsam feiern sie. Dann übergibt Ben, Jones sein Geschenk. Jones ist ganz gespannt und aufgeregt. Was kann das sein? Opa braucht ihm nichts zu schenken. Es reicht, dass er wieder da ist. Er packt sein Geschenk aus und zum Vorschein kommt ein Buch. Jones: „Was ist das für ein Buch?" Ben: „Es erzählt von der nächsten Reise, die ich mit euch machen möchte." Jones dreht das Buch herum und auf dem Einband steht: *Von der Erde bis zum Mond.*

Ende

Gefängnis Kopernikus

von Ben Waldschmidt

Einleitung

Wir schreiben das Jahr 2020 in einem Paralleluniversum. Dieses Universum besteht aus den gleichen Personen wie in unserem Universum, der einzige Unterschied ist, dass jede Person eine etwas andere Persönlichkeit hat und einige Daten, wie zum Beispiel der Name anders sind. Unser Universum heißt "Aegis". Aegis ist eine sehr sehr aggressive Welt voller Horrorworte. Mit Horrorworten meine ich nicht, dass diese Orte besonders gruselig sind, nein, diese Orte sind so mega schlimm, dass sie der Horror sind. Einer der schlimmsten Beispiele ist meine Schule, das ist die Kopernikusschule. Sie ist aufgebaut wie ein riesiges Gefängnis. Ich glaube, wenn ich meine Freunde Rahimo, Rico, Jake und Richi nicht hätte, wäre ich verloren.

Kapitel 1

Mein Wecker klingelt, ich werde aus meinem Schlaf gerissen. Es ist noch dunkel in meinem Zimmer, ich suche den Lichtschalter, der sich oberhalb von meinem Nachtschrank, auf dem mein Wecker steht, befindet. Ich finde den Lichtschalter und knipse ihn an, den Wecker schalte ich aus. Ich laufe zu meinem Schrank und hole einen Pulli, ein T-Shirt und eine Hose hinaus. Beim Anziehen der Kleidung laufe ich in die Küche, die sich am Ende des Flures befindet. "Guten Morgen Mama", sage ich noch mit heiserer Stimme zu meiner Mutter. Sie erwidert mein "Guten Morgen" mit einem lässigen "Moin" und steckt mir ein Toastbrot mit Nutella in den Mund. Ich esse meinen Toast fix auf und schnappe meinen Rucksack, der in der Ecke steht. "Tschau Mama", rufe ich durch die zufallende Tür. Ich renne die Stufen des Treppenhauses hinunter und springe in den Bus, der vor meiner Tür parkt. Kaum bin ich in ihm, schon gehen die Türen des Buses zu und er fährt los. Meine Freunde Rico Richi und Rahimo sitzen an die Wand gelehnt auf dem Boden. Ich begrüße sie freudig und setze mich neben sie. Etwa 15 Minuten später sind wir an der Schule angekommen. Wir laufen an zwei Wachmännern vorbei, danach durch eine Art Schleuse. Durch die Schleuse müssen wir, wenn die Schule anfängt und aufhört. In dieser Schleuse müssen wir unseren Schülerausweiß zeigen. Wir alle werden von einem Ganzkörperscanner gescannt. Ach so, und natürlich werden wir vollautomatisch umgekleidet. Wir haben jetzt alle eine Schuluniform an. Diese Uniform ist komplett grau, oben links ist die Aufschrift "Kopernikusschule". Auf unserer Brust steht unsere Schülernummer. Jeder hat so eine, meine Nummer ist die "5555". Jetzt bekommt man einen Blick auf unsere Schule. Sie ist komplett aus grauem Beton, man konnte sie nicht sehen, weil sie von einer etwa fünf Meter hohen Mauer umgeben ist. Die Schule macht das, damit kein Schüler während der Pause abhaut. Auf dieser Mauer befinden sich Kameras, die in alle Richtungen gucken. Auf der Schule steht ein großer "Control Tower". In ihm werden alle Bilder der Kameras auf große Monitore projiziert. Unser Klassenraum hat eine eigene Schleuse. Dort muss man wieder seinen Ausweis zeigen. In unserem Raum treffen wir Jake. Jake musste die ganze Nacht in der Schule bleiben. Eine Strafe des Direktors. "Und wie wars?", frage ich. "Sei einfach leise, was man da zu essen bekommt ist die Hölle", meint er zu mir. Eine Lampe geht von grün auf rot. Alle Schüler aus meiner Klasse setzen sich hin, niemand darf sich bewegen und jeder der nicht gerade sitzt wird durch einen kleinen Stromschlag gegen den Rücken bestraft. Die Lehrerin kommt in die Klasse und setzt sich vorne an das Pult und die Lampe wird wieder grün und schon beginnt die Stunde. Die Lehrerin hat einen Knopf im Ohr- an jedem der Tische ist ein Mikrofon, sobald einer von uns etwas sagt, bemerkt sie das sofort. Aber natürlich ist das Schulsystem nicht perfekt es gibt auch Schwachstellen. Es gibt den Trick "aus Versehen" gegen das Mikrofon zu kommen. Das löst einen Knall im Kopfhörer unserer Lehrerin aus und sie hat dann höllische Ohrenschmerzen. Unsere Lehrerin muss dann in den Krankenflügel und wir haben dann Freizeit.

Kapitel 2: Die Gefängnisstrafe des Direktors

Ich gucke auf das Mikrofon und merke, dass jeder Tisch neuerdings einen Käfig um das Mikrofon hat. Jetzt geht unser Trick leider nicht mehr. Ich stoße Jake an, er kennt sich mit Technik gut aus. Ich zeige auf den Käfig und er versteht mich sofort. Aus seinem Mäppchen holt er einen kleinen Schraubenzieher. Er schraubt die Abdeckung von unserem Tischbein ab. So langsam kriegen Rahimo, Rico und Richi von unserem Geschehen auch etwas mit. Jake zeigt ihnen per Gestik, welche Kabel sie miteinander verbinden müssen. Jake flüstert mir zu: "Sie kann uns nicht mehr hören". Er schmeißt Rahimo den Schraubenzieher zu. Sie schrauben die Abdeckung ab und verbinden die Kabel, so wie Jake es getan hat. "Sie hört uns alle nicht mehr ", meint Jake zu mir. "Ich sehe eure Münder aber noch!", zornig steht die Lehrerin vor uns: "Sofort zum Direktor. "Das ist das Schlimmste, was man an dieser Schule als Strafe bekommen kann. Die kleinste Bestrafung des Direktors ist drei Tage Gruppenzelle. Sie drückt auf einen Knopf auf ihrem Pult. Drei Wachmänner kommen in den Raum sie packen uns am Arm und ziehen uns raus. Jeder von uns bekommt

Handschellen angelegt. Wir werden zum Büro des Direktors gebracht. Der Direktor lässt sich von einem Wachmann berichten, was wir getan haben. Er ruft als erstes einen Schulelektriker, der sich die Kabel von unseren Tischen angucken soll. "Was denkt ihr, warum seid ihr hier?", fragt er uns. "Ich würde sagen, weil sie uns um Geld bitten wollen und natürlich verstehen wir das", meint Jake mit einem leisen Lachen." Das Lachen wird euch noch vergehen. Ihr bekommt eine ganze Woche Gruppenzelle, das sollte für den Anfang genügen", grinst er uns nun an. Mit einer Handbewegung vom Direktor werden wir aus dem Büro geschleift. Dann werden in den Keller gebracht und das ist wirklich ein Gefängnis, ein langer Gang mit Zellen. "Rein da", schreit uns ein Wachmann ins Gesicht.

"Wir sind jetzt schon eine Stunde hier drin, was hast du dir dabei gedacht den Dirketor so zu foppen?", frage ich Jake. „Ich meine, hättest nur du eine Woche Zellenarrest bekommen, dann wäre das ja ok, aber du hast uns damit reingezogen", meint Richi mit einer grimmigen Miene. "Leute der Typ hat das verdient!", erwidert Jake. "Denkst du der wird sich jetzt wegen dir in die Hose machen, oder was?", meine ich, jetzt auch schon mit einer etwas grimmigen Miene. Nun kommt ein Wachmann, der uns etwas zu Essen bringt. Auf einem Tablet befinden sich fünf Teller. Doch auf jedem der Teller ist nur ein kleiner Happen Haferbrei. "Das soll alles sein?", fragt Rahimo, der eh schon nicht so viel auf den Rippen hat. "Leise sein, das ist hier kein Restaurant, ihr bekommt das, was euch zusteht!", schreit der Wachmann uns entgegen. Er schiebt die Luke, durch die er das Essen geschoben hat wieder zu und geht weg. "Ich habe keinen Hunger", stelle ich fest und zu meiner Überraschung haben die anderen auch keinen Hunger. "Wie wollen wir das eine ganze Woche hier drin aushalten?", frage ich und erwarte keine Antwort. "Ich hätte da eine Idee, seht ihr den Stromkasten dort?", meint Jake. "Ja, aber was hast du denn vor, frag uns erst mal bevor du wieder so etwas Unüberlegtes machst", stoppt ihn Richi. "Wenn ich das hier richtig sehe, ist das hier ein Stromkasten, in dem sich ein Stromkreis befindet und der müsste die Tür steuern!", versucht Jake Rahimo zu überreden. "Ist schon klar und die sind auch so dumm und machen einen Stromkasten für die Tür in eine Zelle rein, das glaubst du doch wohl selber nicht!", erwidert Rahimo mit einer nun etwas lauteren Stimme. Wir einigen uns darauf, dass der Stromkasten wahrscheinlich für das Licht in unserer Zelle ist und dass wir es nicht riskieren wollen dabei erwischt zu werden, wie wir schon wieder etwas manipulieren. "Ey Wachmann, wie viel Uhr ist es?", schreie ich, aus dem kleinen Fenster in der Stahltür. "SCHLAFENSZEIT UND RUHE JETZT!", schreit mich der Wachmann an, der jetzt auch an das Guckfenster gekommen ist. Bei uns geht das Licht aus und wir müssen schlafen. "Gute Nacht Jungs", sage ich mit meiner immer noch heißeren Stimme. Ich höre nur noch die Schritte des Wachmanns und dann schlaffe ich ein.

Kapitel 3: Die Bestechung eines Wachmanns

"Ey aufstehen, ihr seid solche Schlafmützen, allein dafür sollte man euch einsperren", schreit ein Wachmann durch die Luke, wo auch das Essen durchgeschoben wurde. Ich muss mich erst mal aufsetzen, die Doppelstockbetten sind so hart! Ich schau mich um und sehe das die Anderen so langsam auch wach werden. "Ist euch auch aufgefallen, dass der eine Wachmann die ganze Zeit auf ein Bild von einem Kind im Rollstuhl guckt", fragt uns Jake. "Nein, als ob ich darauf achte, was der Wachmann macht", sage ich entschlossen. "Deine Mutter ist doch Ärztin oder Toni?", fragt mich Jake nun. "Ja und was willst du damit jetzt sagen, ich meine könntest du mal so reden, dass man das auch als Normalsterblicher versteht?", frage ich ihn nun. "Okay, also ich denke, es wäre einen Versuch wert ihn danach zu fragen, denn es könnte ja sein, dass er nur wegen dem Kind hier arbeitet und dann bieten wir ihm an, dass ihm deine Mutter hilft das Kind wieder gesund zu bekommen", meint Jake und ich glaube er erhofft sich das wir ihn jetzt alle loben. "Das ist das Dümmste was ich je gehört habe. Ich meine es gibt ja schon komische Ideen, um aus einem Gefängnis auszubrechen, aber das toppt alles", meine ich und so langsam werde ich laut, denn Jake versucht seit wir hier drin sind, irgendetwas um uns zu überzeugen dass wir mit ihm ausbrechen. "Also ich finde, dass es einen Versuch wert ist", meint jetzt sogar schon Rico, der seit wir hier sind noch nichts gesagt hat. Na toll, jetzt habe ich nur noch Richi und Rahimo, die auf meiner Seite sein könnten. "Ich bin ja der Meinung, wir können nicht mehr viel verlieren, ich meine das ist hier ein Schulknast und vielleicht können wir damit mal ein Zeichen setzen", meint Richi. Jetzt sind wir in der Unterzahl, das hat mir noch gefehlt, ich sitze mit Freunden im Knast und jetzt wollen meine Freunde auch noch ausbrechen. "Okay, ihr habt gewonnen", sage ich, auch wenn es mir selber nicht gefällt, was da aus meinem Mund kommt. Jake flüstert uns zu: "Ich werde ihn jetzt anlocken!" "Hey Wachmann, komm mal her", schreit er durch die Luke. Er kommt zu uns und sagt: "Sei mal nicht so frech du Bengel!" Jake sagt gelassen: "Ja Ja, ich habe eine Frage an sie Herr Wachmann. Machen sie den Beruf hier, weil er ihnen Spaß macht, oder wegen einem anderen Grund?" Ich glaube er versucht ihn so zu fragen, dass er keinen Verdacht schöpft. "Das geht dich überhaupt nichts an, und sollte noch mal so eine Bemerkung kommen, dann kannst du das alles hier mal dem Direktor erzählen", sagt der nun aufgebrachte Wachmann. "Geht das, was sie hier machen, auch das Kind auf ihren Bildern nichts an?", fragt jetzt Jake und ich muss sagen, die Umsetzung seines Plans funktioniert ein bisschen. "Noch ein Ton und ihr kriegt vom Direktor persönlich einen Monat Schulknast." Jake lächelt uns an und meint dann zu dem Wachmann: "Also mein Freund hier, dem seine Mutter ist Ärztin." "Ja, ist doch schön für sie, wenn sie so einen Job machen kann" faucht uns der Wachmann an. Jake flüstert ihm zu:" Also unter uns mal gesagt, ich glaube ihnen liegt etwas an dem Kind, was auf dem Bild ist und da kommt die Mutter von meinem Freund ins Spiel, sie kann helfen ihr Kind wieder gesund zu bekommen." "Der Wachmann zuckt mit den Schultern, ja ist mir doch egal.", sagt der Wachmann. Wir sind alle sehr überrascht, wir dachten, dass es wie am Schnürchen klappt, aber da haben wir uns wohl getäuscht. "Was war das denn, ich dachte, den hätten wir voll im Griff", sage ich zu meinen Jungs. "Ich glaube, wir haben bei ihm etwas ausgelöst und ich glaube er wird noch mal auf uns zurückkommen", sagt Jake zu meiner Überraschung, denn ich dachte wir hätten keine Chance. Und wie Jake schon gesagt hatte, kam der Wachmann am Abend zu uns und fragt uns:" Meint ihr das ernst? Ist die Mutter von einem von euch Ärztin und kann sie meine Tochter heilen?" "Ja das kann sie, aber nur wenn es mir gut geht und das heißt, dass ich in keinem Gefängnis hocke", sage ich zu ihm und bin selber überrascht, was gerade aus meinem Mund kam. "Nein, nein, nein so einfach ist das nicht, wir als Wachmänner werden noch mehr kontrolliert als ihr Schüler." sagt der Wachmann zu uns. Jake sagt zu ihm:" Sie haben recht, aber es könnte ja sein, dass sie aus Versehen, unsere Gefängnis Tür nicht richtig abgeschlossen haben und wir ausgebrochen sind."

Kapitel 4: Die Flucht aus unserer Schule

"Ja das können wir so machen, aber was ist mit der Ärztin, wie weiß ich, dass sie mir wirklich hilft?", fragt uns der Wachmann. Da hat er Recht und ich muss sagen, ich habe keine Ahnung, wie ich meiner Mutter erzählen soll was hier passiert. "Das ist doch ganz einfach, wir sagen ihnen, wo sie hingehen müssen, dass ihre Tochter gesund wird und wir bekommen was uns versprochen wurde. "Und da arbeitet die Mutter von einem von euch?", fragt er uns. "Genau, meine Mutter arbeitet dort. Fragen sie, wenn sie da sind, nach einer Frau Schneckendorff.", sage ich zu ihm." Das machen wir so, ich gebe euch den Schlüssel und sage dem Direktor, dass ihr, während ich nicht hingeguckt habe, entflohen seid. Er gibt mir den Schlüssel, als Gegenleistung sage ich ihm dann den Namen des Krankenhauses, in dem meine Mutter arbeitet." Ihr müsst diese Treppe dort hoch gehen, da steht ein Wachmann. Wenn er wegguckt lauft ihr an ihm vorbei und dann müsst ihr durch eine Außentür. Hier ist mein Wachmannausweis, mit ihm könnt ihr die Tür öffnen", sagt der Wachmann zu uns und gibt mir auch seinen Ausweis. Wir alle rennen die Treppen hoch, da uns sonst eine Überwachungskamera gesehen hätte. Wir dürfen uns aber nicht zu früh freuen, denn die nächste Gefahr erwischt zu werden, lauert hinter der nächsten Ecke, der Wachmann, vor dem wir schon gewarnt wurden. Als er kurz wegguckt, sind wir an ihm vorbei gehuscht. Wir verstecken uns in einer kleinen Nische, die sich vor der Tür befindet. Ich habe ja den Schlüssel und die Karte, ich stecke beides in die Öffnung von der Tür und es macht *Klick,* die Tür ist auf. Jetzt sind wir auf dem Außengelände und hier ist es noch mehr abgesichert. Es ist zwar dunkel, aber unsere Schule benutzt nachts Wärmebildkameras. Aber natürlich weiß Jack wieder weiter. "Wir müssen dort entlang, da haben sie nur normale Kameras", sagt Jack zu uns und zeigt einen Weg an der Mauer entlang. Wir laufen geduckt zur Mauer und schleichen uns dann zu einem Kameraturm, so können uns die Kameras nicht sehen. Wir klettern über die Mauer und springen auf einen vorbeifahrenden Pickup. "Wo können wir am besten unterkommen?" Da meldet sich Richi zu Wort: "Ich glaube ich habe da eine Idee, wie wäre es mit dem Haus meiner Eltern, die sind eh im Urlaub, das Haus steht also leer." "Das machen wir, aber dann ist das hier der falsche Weg", sage ich und als der Wagen an einer Ampel hält springen wir ab. "Der Wagen dort drüben, denn nehmen wir", schreie ich, um das Gehupe der Autos zu übertönen. Und weil niemand eine bessere Idee hat, springen wir in einen offenen Paketwagen. Wir sitzen etwa 20 Minuten zusammen gekauert hinter einem großen Paket bis Rahimo uns zuflüstert:" Hier müssen wir runter, das ist die Straße wo Richi wohnt." Also springen wir von dem Paketwagen. Bei Richis Haus angekommen, wärmen wir uns erst einmal auf. Wir bestellen uns Pizza und Jake beginnt zu reden: "Ich glaube, dass wir ausgebrochen sind spricht sich schnell herum und ich glaube auch dass wir bei den Schülern von unserer Schule etwas auslösen." "Und was soll das sein?", fragt Rico. Jake erwidert:" Naja, also ich denke mal, sie wissen jetzt, es ist nicht unmöglich und vielleicht gibt ihnen das Kraft, um auch gegen diese Schule etwas zu unternehmen." "Da hast du recht, aber du musst auch mal darüber nachdenken, wie viele Schüler wegen uns ins Gefängnis der Schule kommen" meint Rico. "Da hast du auch wieder recht, aber wenn alle Schüler ausrasten, dann kann die Schule da wenig gegen machen, oder?", sagt jetzt wieder Jake. Wir grübeln noch lange darüber, ob es jetzt vielleicht einen Aufstand in der Schule geben wird oder nicht. Unseren Pizzen kommen dann auch, wir essen sie und gehen dann schlafen. Ich wache auf und weiß im ersten Moment gar nicht wo ich bin, aber nach einer Weile fällt mir alles wieder ein. Ich laufe nach unten in die Küche und sehe das alle anderen schon wach sind. "Moin Jungs, was wollen wir heute machen, ich meine wir dürfen nicht gesehen werden", sage ich, diesmal noch verschlafen.

Kapitel 5: Was nun?

"Was wir machen sollen keine Ahnung, wir bleiben einfach hier und tun Fernsehen gucken.", sagt Richi. Wir frühstücken und mit frühstücken meine ich, die Pizza vom Vortag essen. Dann schauen wir abwechselnd aus dem Fenster, draußen ist wenig los, aber wir sehen einmal Schüler, die auch die Schule schwänzen. "Kommt wir fragen, ob sie mit uns was machen wollen, denn wir können ihnen trauen, ich meine wir sind alle nicht in der

Schule.", meint Jake zu uns und ich habe schon wieder ein ganz schlechtes Gefühl, weil Jakes Ideen früher oder später eh in die Hose gehen. Aber da wir eh nichts zu tun haben gehen wir zu ihnen. Es sind drei Jungs, sie alle sind ungefähr in unserem Alter. "Hallo Jungs, solltet ihr nicht in der Schule sein?" frage ich und mir geht einiges durch den Kopf, was ist, wenn die mit der Schule zusammenarbeiten oder was ist, wenn sie nur so jung aussehen und gar nicht mehr in die Schule müssen. Aber da habe ich mich getäuscht, denn der Größte von ihnen sagt zu mir: "Ihr doch auch, oder sehe ich das falsch?" "Nein, ganz und gar nicht, wollt ihr unsere Geschichte hören", frage ich sie und anscheinend habe ich ihr Interesse geweckt sie wollen sie hören. Wir gehen ins Haus und dann erzählen wir ihnen alles, über unsere Strafe, den Ausbruch und warum wir hier gelandet sind. Sie erzählen, dass sie einfach keine Lust auf Schule haben und ihre Eltern eh den ganzen Tag weg sind. Bei uns in Aegis ist das nämlich so, die Eltern müssen sich darum kümmern, dass ihr Kind an der Schule ankommt. Ist das nicht der Fall, macht sich die Schule keine Mühe uns zu suchen. Wir setzen uns dann ins Wohnzimmer und spielen alle zusammen Aegis-Videospiele. Dies machen wir ungefähr drei Stunden und dann haben wir keine Lust mehr. "Was wollen wir jetzt machen?", frage ich in die Runde. Einer der Drei, er heißt Tim, fragt Richi ob er Erbsen hat. Richi holt eine Tüte voller Erbsen aus der Küche und gibt sie Tim. Tim öffnet seinen Rucksack und holt eine Steinschleuder heraus. Ich weiß jetzt worauf er hinaus will. Wir stellen uns ans Fenster und beobachten, wie eine nach der anderen Erbse gegen ein Fenster fliegt. Dieser Spaß hält aber nicht an denn nach etwas 15 Erbsen kommt ein Mann aus dem Haus. Wir ducken uns, aber wissen nicht, ob er uns gesehen hat. Es klingelt an der Tür, niemand bewegt sich, es klingelt wieder, dann ruft der: "Kommt raus ihr Bengel, sonst rufe ich die Polizei." Tim flüstert uns zu, dass er das eh nicht macht, wenn doch, dann haben wir alle ein großes Problem. Aber wir entscheiden uns dann dafür, dass wir nicht zu ihm runter gehen, wir laufen geduckt ins Wohnzimmer und spielen weiter Aegis-Videospiele, da uns sonst ja nichts eingefallen ist, was wir machen könnten. Ich gehe nach so etwa 10 Minuten noch mal ans Fenster und sehe zu meinem Schrecken, dass vor der Tür immer noch der

Mann steht, aber das ist noch nicht genug, denn gerade fährt ein Polizeiauto auf den Mann zu. "Ey, Leute da kommt die Polizei, Richi gibt es hier einen Hinterausgang?", frage ich. "Ja gibt es, aber erst müssen wir unsere Spuren verwischen", antwortet Richi. Also machen wir alle Lichter aus, den Fernseher und tun die Küche sauber machen. Ich renne die Treppen hoch, zu den Schlafräumen und mache alle Betten. Ich renne die Treppe wieder runter zu den Anderen, die schon auf mich warten. Sie sehen mich und laufen zum Hinterausgang. Ich bin der Letzte der raus geht, ich bin gerade draußen und habe die Tür geschlossen, als die Haustür aufgeht und die Polizisten ins Haus gestürmt kommen. Das Haus von Richis Eltern steht am Rand der Stadt. Außerhalb von der Stadt gibt es nur Felder und Wald. Da man sich in einem Maisfeld sehr gut verstecken kann, rennen wir so schnell wir können zu dem Feld, hinter uns hören wir einen Polizisten rufen: "Sofort stehen bleiben". Es gibt zwischen dem Haus und dem Feld einen Zaun des Bauern, wir alle klettern über ihn, aber Jake und Rahimo tun sich weh, denn sie sind kleiner als wir. Bis zum Maisfeld sind es noch ungefähr fünf Meter, doch Rahimo fällt hin, ich sage Rico:" Hilf bitte mal" Wir tragen ihn ins Feld und legen uns alle ganz flach auf den Feldboden, dass uns die Polizisten nicht sehen. Ich sehe den Fuß eines Polizisten und halte die Luft an. "Die sind hier nicht mehr, ich glaube die sind zum Wald gerannt, lasst uns dort nachsehen. Ich sehe den Fuß verschwinden und pruste los, denn ich habe ja die ganze Zeit die Luft angehalten. "Was jetzt?", fragt John, der kleinste von den Drei. "Ich habe keine Ahnung!", sage ich zu ihm.

Kapitel 6: Überleben im Wald

Was kann man machen, wenn die Polizei einen verfolgt und man kurz davor aus dem Gefängnis ausgebrochen ist. Das erste was mir dazu eingefallen ist das man sich im Wald verstecken und ernähren. Das einzige und größte Problem ist nur, dass wir alle zusammen nicht mal einen Tag überleben würden. Aber das Einzige, was uns im Wald retten könnte, wäre Essen. Und wo bekommt man Essen her, genau aus einem Supermarkt. Also schlage ich den Jungs for das einer von uns in den Supermarkt geht und etwas klaut, da wir ja kein Geld haben. Ich melde mich dann letzten Endes freiwillig, denn es ist ja nicht nur so, dass wir Essen brauchen, wir brauchen auch Arzneien für Jakes Knie. Ich lasse die Anderen allein die gerade dabei sind tiefer in den Wald zu gehen. Als ich sie aus den Augen verliere gehe ich los. Als erstes über den Zaun, dann über ein paar Felder. Irgendwann merke ich, wenn ich weiter so herum laufe werden mich vielleicht erkennen. Deshalb decke ich mein Gesicht mit meinem Schall ab. Ich öffne auf meinem Handy Aegis-Maps und gucke wo der nächste Supermarkt ist. Ich sehe das es einen kleinen Laden in ungefähr 800 Meter. Ich folge dem Weg der mir auf meinem Handy gezeigt. Ich sehe den Laden schon, er ist gleich und außen hängen auch keine Kameras, die mich sehen könnten. Ich laufe zu dem Laden und gehe in ihn. Auf einem Monitor, dass wir alle Acht im Fernsehen sind, ein Reporter sagt in die Kamera:" Diese Acht Jugendlichen werde von der Polizei gesucht, fünf von ihnen sind aus der Kopernikusschule entflohen, die anderen drei sind schon seit drei Wochen nicht mehr in der Schule gewesen. Ich gehe so schnell ich kann in richtung Lebensmittelabteilung und stecke mir ein paar

Brote, ein bisschen Wurst und Wasser unter meine Jacke. Mit einer Menge Angst laufe ich wieder aus dem Laden, es hat alles so geklappt wie ich das wollte. Nach etwa 10 Metern entfernung fange ich dann an zu rennen, um noch bevor es dunkel ist im Wald zu sein. Ich hole mein Handy aus meiner Hosentasche und rufe Rico an, er ist der einzige der ein Handy. "Hallo Rico, wo seid ihr?", frage ich ihn am Telefon. " Ich schicke dir die Gps daten auf Whats-Aegis zu, hast du etwas zu essen bekommen?", antwortet er mir. Ich antworte auf seine Frage, ob ich etwas zu essen bekomme mit: "Ja, etwas zu essen habe ich bekommen aber nicht die Medizin, die wir brauchen!" "Egal, besser als nichts", sagt er mir durch den Hörer."bip, bip", er hat mir den Standort geschickt. Ich erreiche gerade den Wald Anfang, ich drehe mich das letzte Mal um und sehe wie die so unter geht dann verschwinde dann im Wald. Ich habe das Handy mit Aegis-Maps in der Hand und renne dabei durch den Wald. Ich kreuze einen kleinen Waldweg."Brum, Brum". Ich höre ein Auto. Gerade noch recht zeitig springe ich in den Weggraben. Ich lege mich in das dichte leicht feuchte Gras und um nicht so aufzufallen, werfe ich mir meine grüne Jacke über den Kopf. Durch einen kleinen schlitz sehe ich das Auto. Es ist ein großer Jeep, hinten drauf sitzen Männer, die bewaffnet sind. Vorne am Jeep sind große Scheinwerfer angebracht. Ich sehe das Auto nur kurz, denn es fährt sehr sehr schnell, so schnell, dass es schon wieder weg ist. Ich klettere aus meinem Kraben und renne weiter zu dem Standort, den mir Rico geschickt hat. Ich hoffe ich erreiche sie noch bevor es dunkel wird. Aber zu meiner Erleichterung, sehe ich sie schon in der Ferne, sie haben kein Feuer gemacht, weil sie sonst schnell entdeckt worden wären. Es sind noch etwa 50 Meter bis zu ihnen, ich renne jetzt nicht mehr, denn ich bin schon total aus der Puste. Sie sehe mich dann auch und laufen mir ein bisschen entgegen. "Hallo Jungs und wie wars ohne mich schrecklich, oder?", scherze ich rum. Rahimo sagt dazu folgendes:" Sehr, sehr witzig" Wir setzen uns in einen Kreis und essen das, was ich geklaut habe auch wenn man sagen muss, das ein paar Brote ein bisschen Wurst für acht Leute nicht ausreicht. Also beschließen wir das wir morgen in zweien Gruppen den Laden ausrauben. So haben wir genug zum Essen. Wir alle sind von dem Tag sehr müde, aber wir habe ja kein Zelt oder so also legen wir uns einfach auf den Boden und das letzte was ich höre ist das Rascheln der vielen Bäume im Wald. Ich träume gede von einer Welt, in der alles so friedlich ist. Ich wache auf und sehe das die anderen noch schlafen. Also stehe ich auf und schaue mich ein wenig um und finde ein paar Beeren, die ich den anderen beim Aufstehen gebe. Wir beschließen das wir, ein bisschen die Gegend erkunden und stoßen dabei auf eine große Hütte im Wald.

Kapitel 7: Die große Überraschung

Wir schauen durchs Fenster, aber sehen nichts. Ich sage zu den Jungs: "Last uns kucken was sich in ihr befindet, vielleicht finden wir Essen, ich meine wir können eh nicht verlieren". Und weil sonst niemand eine Idee hat. Gehen wir ihn die Hütte wir durch Suchen sie. "Es ist niemand bei uns", sagt Rico zu uns. "Oh doch, ihr habt nur nicht richtig nach geguckt.", sagt eine Stimme durch einen Lautsprecher. "Er ist da, was wollen sie von uns?", sage ich wärend ich merke, dass meine Knie weich werden.

"Da nicht, ich meine ja nur, dass das hier mein Haus ist und ihr hier ungefragt eingedrungen seid, aber sonst ist alles gut. "Das wollten wir echt nicht, wir suchen nur Essen", sage ich nun. "Oh nein, ich habe euch schon erwartet, kommt zu mir in meinen Keller, dann wisst ihr was ich meine", sagt die Stimme aus dem Lautsprecher. Es öffnet sich eine kleine Lucke, die sich unter der Treppe befindet. Ich gehe voraus, das erste was ich erblicke ist ein alter Mann, der vor vielen Bildschirmen sitzt. Auf alle den Bildschirmen sind wir zusehen und die Polizei, der Mann dreht sich zu mir um und jetzt erkenne ich ihn! Das ist mein Opa John Schneckendorf. Das konnte doch nicht wahr sein, mein Opa ist doch bei der Flucht aus dem Gefängnis damals gestoben. "Hallo Opa was machst du denn hier?", frage ich mit freudiger Stimme. "Ich habe hier im Wald überlebt und konnte mit Hilfe von ein paar Tricks vom Maurer Beruf, diese Hütte hier bauen. Ich wurde von der Polizei gejagt, weil ich Aufstände angezettelt habe. Hier im Wald haben sie mich nicht bekommen, weil sie das natürlich nicht öffentlich machen wollten, haben sie mich für tot erklärt." erklärt er uns. Die Technik habe ich von einem kleinen Laden hier geklaut, erzeigt uns ein Bild. Das ist derselbe Laden, in dem ich auch etwas geklaut habe. Das hier sind meine Freunde können wir bei dir unter Kommen", frage ich meinen Opa. "Klar und deine Mutter habe ich auch schon verständigt, sie ist auf dem Weg hier her.", sagt mein Opa zu mir. Ich gucke mich im Keller um und sehe, dass hier überall Essen ist. Ich glaube verhungern werden wir nicht. Wir leben unser ganzes Leben in diesem Keller und meine Mutter.. die ist auch noch gekommen!

Ende

The Evil of KSF

Nico Peters

Vorspann

Kevin Mayer und sein trödeliger Bruder müssen langsam zur Schule. Nur was sie da erwartet, hätten sie nicht gedacht. Vor der Schule trafen sie ihre besten Freunde. Nur als sie in die Schule kamen wurde ihn klar, dass das kein normaler Tag wird. Das Licht flackerte, niemand war da. Als plötzlich die schweren und großen Fenster und Türgitter der Schule hinter ihnen runterfielen, gerieten sie in Panik. Finden sie einen Ausweg?

Kapitel 1- Die Ankunft

"Mach jetzt endlich auf Bruder, ich muss auch mal aufs Klo...Du denkst immer nur an dich", sagte ich zu meinem Zwillingsbruder John, als ich von einem Fuß auf den anderen trat. "Jaja ich komme schon", sagte mein Bruder John. Er machte die Tür auf. "So jetzt kann ich endlich mal gehen, das wird ja auch langsam mal Zeit". Nachdem ich auf der Toilette war, wurden wir schon von unserer Mutter gerufen. "Kommt runter, essen ist fertig". "Juhu" schrien wir auf. "Ihr könnt es auf dem Weg essen, ihr seid schon spät dran, ich fahre euch jetzt mal zu Schule", sagte Mama gehetzt. Nachdem, wir unser Brot nahmen und uns ins Auto setzten, fuhren wir schon los "Boah, dauert das wieder lange, ich hasse Auto fahren, das nervt so", meckerte ich mit vollem Mund. Mein Bruder war aber anderer Meinung, er freut sich, wenn wir mal paar Minuten zu spät kommen. Nachdem wir dann auch endlich mal pünktlich ankamen, stiegen wir aus und verabschiedeten uns von unserer Mutter.

Ich sah mich um und sagte erstaunt zu John: "Hier ist es ganz schön leer". Mein Bruder stimmte mir einmal in meinem Leben zu.

"Ah, guck mal da stehen unsere besten Freunde Joseph und Josten", sagte ich, als ich die beiden entdeckte. Wir liefen flott hin. "Hey Joseph und Josten", sagten wir. "Hey Kevin und John, habt ihr auch schon gemerkt wie leer es hier auf dem Pausenhof ist?" "Ja, wir wollten euch auch eben fragen, wo alle sind", erwiederte ich. Wir liefen über den Schulhof zum Haupteingang. "Boah, sogar hier ist niemand". Ich dachte zu dem Zeitpunkt noch, dass es vielleicht ein Streich ist. Aber nach einiger Zeit verging mir der Gedanke. "Also Leute, lass uns mal reinlaufen". Sie liefen in das Schulgebäude. Nur ganz hinten am Ende des Ganges flackerte ein Licht. Sonst war alles dunkel. "Kommt Leute, lasst uns zum Licht laufen", sagte ich mutig zu meinen Freunden. Auf einmal erschraken wir, da mit einem lauten Knall die Gitter der Türen und Fenster runterfielen. Nachdem ich mich etwas beruhigt hatte, sagte ich etwas ängstlich und außer Atem: "Was sollen wir tun?" "Weiß ich nicht", sagte Joseph noch zitternd vor Schreck. "Ok, jetzt bleiben wir erstmal ruhig und lass uns erstmal zum anderen Eingang gehen!", sagte ich mit vollem Mut. Wir liefen zum anderen Ausgang, aber auch hier war alles verschlossen.

Kapitel 2: Was ist hier los?

Wir waren verzweifelt. Plötzlich hörten wir ein tiefes Lachen und wir erschraken. Panisch rannten alle in verschiedene Richtungen. Ich stand auf einmal alleine und auf mich gestellt da. Ich rief immer wieder nach meinen Freunden, doch keiner antwortete. Ich lief alleine durch die langen Gänge der Schule, auf der Suche nach meinen Freunden. Ich war verzweifelt, lief nicht mehr weiter und setzte mich auf den Flurboden. Ich war am Ende, bis ich Joseph seine Stimme rufen hörte. Ich rannte zu der Stelle wo ich die Stimme hörte und sah Joseph. "Heeeeyyy" rief ich, doch er hörte mich nicht und lief weiter die Gänge entlang. Ich rannte zu ihm und als ich vor ihm stand, merkte ich, dass er nicht da war. Es war eine Einbildung. Plötzlich kam wieder die dunkele Lache, näher und näher. Ich rannte panisch weg, aber dann stolperte ich über ein Schulheft. Als ich drauf guckte sah ich das es von Joseph war. Ich war erschrocken und zitterte vor Angst.

"Neeeeeeeeeeeeeeeeeeeiiiiiiiiiiiiiiiiiiiiiin". "Wo bist du Joseph", schrie ich auf. Ich rannte weiter den Gang entlang, doch nirgendwo war er. Auf einmal, genau vor mir, eine Gestalt. Pechschwarz stand sie vor mir, nahm mich am Hals und drückte mich gegen die Wand. Vor Angst konnte ich nichts sagen. Die Gestalt sagte in einer tiefen und schrecklichen Stimme zu mir:" Vergesse deinen Freund" und stieß mich zu Boden und die Gestalt lief weg. Ich war so entsetzt, dass ich in Ohnmacht fiel.

Als ich aufwachte, lag ich noch an der gleichen Stelle und John kippte Wasser über mein Gesicht." Aahhh, John". "Endlich wachst du auf, was ist passiert", fragte er mich verdutzt. Ich bekam nix aus meiner Mund "Ääh schwarze Gestalt" "Ähh gruselig". Er sagte: "Ach du hast dir sicher den Kopf gestoßen alles ist gut, aber wo sind die anderen?" "Ja, ich habe euch gesucht nur dann kam dieser Schatten." Er erwiderte: "Du meinst, als du dir den Kopf gestoßen hast?!" "Neein, ich habe mir nicht den Kopf gestoßen, hier war jemand!".

Kapitel 3: Alleine im Dunklen

"Ach komm jetzt einfach, lass uns die Anderen suchen", sagte ich zu John! "Ich habe hier drüben von Joseph das Schulheft gefunden, lass uns in die Richtung laufen", murmelte ich vor mich hin. Wir liefen durch die leeren Gänge, doch langsam verzweifelten wir. Wir dachten wir hätten überall geguckt, doch dann fiel mir ein, dass wir noch nicht im Keller waren, aber ob das schlau wäre da rein zu gehen? Ich habe John den Vorschlag genannt, doch so sicher war er sich dann doch nicht mehr. "Nur es steht fest, dass wir da nachgucken müssen", sagte ich verzweifelt zu John. Da stimmte er mir zu und wir machten uns auf den Weg zum Keller. Der Weg war lang, da wir uns auf der anderen Seite der Schule befanden, deswegen brauchten wir eine Pause. Wir setzten uns auf den Flurboden und tranken einen Schluck aus unseren Wasserflaschen. "Ey John meinst du das wir hier wieder rauskommen", sagte ich kaputt. "Ja, verspreche ich dir", sagte John mir mit einem mutigen Ton. Nach unserer kleinen Pause rafften wir uns wieder auf. Wir liefen weiter -bis wir an der Treppe zum Keller standen. Wir waren uns beide nicht mehr sicher, ob wir jetzt unten ins

Dunkele laufen sollten ohne eine Lampe. Aber wir nahmen unseren Mut zusammen und liefen langsam zusammen die kalten Betonstufen runter. Jeder Schritt halte durch den gesamten, dunklen Keller. Doch voller Mut ließen wir uns nicht irritieren. Jetzt standen wir beide unten im Keller. Wir schauten uns um, doch es war so dunkel, dass wir unsere eigene Hand nicht mehr sehen konnten. Doch dann sahen wir ein flackerndes Licht an Ende eines Ganges. Wir beide liefen ängstlich drauf zu. Doch plötzlich platzte die Glühbirne und wir hörten wie die einzelnen Glassplitter auf den Boden fielen. Jetzt war alles dunkel- unser letztes Licht war jetzt auch aus. Wir fragten uns, wie das passieren konnte?! Auf einmal hörten wir schnelle Schritte. Sie kamen auf uns zu, wir zitterten. Es war Josten- er sah ganz blass aus. „Eyy Josten, wir haben dich überall gesucht", sagte ich noch erschrocken. "Wo warst du?", fragten wir. Ich war euch suchen, doch dann war da so eine pechschwarze Gestalt, dann bin ich weggerannt und jetzt seid ihr hier", sagte er ängstlich. "Glaubst du mir jetzt? Ich bin nicht auf den Kopf gefallen vorhin! Egal, jetzt fehlt uns nur noch Josten. Lass uns ihn hier unten suchen", sagte ich mit Mut.

Wir liefen weiter durch den dunklen Keller. Aber wir fanden nirgendwo Joseph, langsam machte ich mir echt Sorgen um ihn. Was ist, wenn der pechschwarze Mann ihn hat?

Das wäre gar nicht gut. Ich hoffe es geht ihm gut. "Wir sind jetzt bei den Bioräumen", sagte ich. Wir liefen und liefen doch nirgendwo eine Spur von ihm, doch dann hörten wir Schritte. Wir riefen "Joseph" immer wieder, doch er antwortete nicht. In dem Moment dachten wir nicht, dass es jemand anderes sein könnte. Als wir dann um die Ecke liefen, stand da die pechschwarze Gestalt. Sie guckte uns böse mit den schwarzen, pechschwarzen Augen an. Sie sagte in einem bösen Ton "Verschwindet von hier".

Wir ließen uns das nicht nochmal sagen und rannten die Treppen hoch und dachten dabei nicht mehr an Joseph.... Nachdem wir, gefühlte Stunden, gerannt waren und uns wieder beruhigt hatten, fiel uns Joseph wieder ein und wir besprachen es so, dass wir erstmal warten bis die Kreatur weg ist und dann schnell Joseph suchen gehen. Wie gesagt so getan. Wir warteten eine Stunde bis wir uns sicher waren, dass die Kreatur weg ist . Dann guckten wir langsam um die Ecke. Und wie gedacht, war keine Kreatur mehr da. Sie suchte bestimmt nach uns. Wir drei liefen langsam die kalten Treppen zum Keller wieder runter. Als wir unten ankamen, waren wir erstaunt. Am Ende des Ganges brannte ein Licht. Das Licht schien durch den ganzen Keller. Wir waren verwundert und wir liefen langsam auf das Licht zu, doch nach einer Zeit merkten wir, dass das Licht ganz schön weit weg ist. Langsam erreichten wir die Ecke, wo das Licht brannte. Wir redeten nicht viel, sondern gingen direkt um die Ecke und was uns da erwartete hätten wir nicht gedacht. Wir guckten den Gegenstand an und wunderten uns. "Was ist das?", fragte ich meine Freunde. John sagte: "Ich kann es nicht erkennen, weil es so hell scheint". Deswegen gingen wir näher drauf zu, streckten unsere Hand nach den Gegenstand aus und es war eindeutig was es war...

Kapital 4: Die Gestalt

......eine Taschenlampe. Wem die wohl gehört? Wir hoben sie auf und freuten uns. Die konnten wir perfekt gebrauchen- jetzt im Dunklen. Wir liefen den Gang weiter entlang, doch nach einer Zeit waren wir kaputt, lustlos und hatten Hunger. Wir hatten ja noch unser Pausenbrot, also setzten wir uns auf die kalten Fließen und aßen erstmal. Nachdem wir uns wieder gestärkt hatten, waren wir bereit weiter zu suchen. Ich sagte: "Also, ich weiß ja nicht, warum Joseph so weit in den Keller reingelaufen sein sollte". Meine Freunde hatten auch keine Idee. Also liefen wir still weiter. Bis wir dann endlich Joseph`s Rucksack fanden. So wussten wir, dass wir auf der richtigen Fährte waren. Also liefen wir weiter. Wir vermuteten, dass er irgendwo in der Nähe ist und das spornte uns an weiter zu suchen. Doch auf einmal hörten wir wieder dieses fiese Lachen. Uns war sofort klar, dass wir in eine Falle getappt sind. Wir rannten sofort wieder zurück und versuchten aus dem Keller raus zu kommen. Doch dann verirrten wir uns im Keller. "Scheiße wo sind wir", fluchte Ich. Wir suchten überall nach dem Weg wo wir her kamen. Doch wir fanden den Weg nicht mehr.

Langsam gerieten wir in Panik. Wir irrten durch die Gänge. Doch es schiente so, als wenn wir die ganze Zeit im Kreis liefen. In den Gängen sah alles gleich aus! Wir liefen und liefen doch wir fanden nicht den Ausgang. Ich schwitzte und zitterte vor Angst und und kopflos rannten wir immer tiefer in den Keller rein. John schrie auf einmal: "STOOOOP" und wir blieben verdutzt stehen. John meinte: "Lass uns erstmal wieder beruhigen und überlegen, wie wir wieder hier rauskommen." Atemlos lehnten wir uns gegen die Kellerwand und überlegten. Josten meinte ärgerlich: "Wenn kein Handyverbot an der Schule gewesen wäre, könnten wir jetzt einfach Hilfe rufen." Er schimpfte vor sich hin. Ich sagte: "Lass uns mein rotes T-Shirts hier hinlegen, damit wir gucken können, ob wir im Kreis laufen. Gesagt -getan, wir legten das T-Shirt hin und liefen los. Nach zwanzig Minuten laufen, sahen wir mein T-Shirt wieder und wir merkten, dass wir im Kreis liefen. Das beunruhigte uns und wir hatten Angst, dass wir den Ausgang nie finden werden und nie wieder unsere Eltern und Freunde sehen werden... Wo war dieser verflixte Ausgang? Das war die Frage. Wir suchten weiter nach einer Tür mit unserer

Taschenlampe. Da- ein Schild- beim näheren Hinkucken sahen wir eine Tür auf dem "Error" drauf stand. "Juhu" schrieen wir alle drei gleichzeitig und liefen, ohne Nachzudenken darauf zu und öffneten sie. Wir konnten es kaum fassen- hinter der Tür war eine Treppe, die nach oben und nach unten führte. "Sollen wir jetzt hoch oder runter gehen um Joseph zu suchen?", fragte ich meine Freunde. Wir entschieden uns erstmal hoch zu gehen und Joseph zu suchen.

Wir liefen langsam die Metalltreppen hoch. Jeder Schritt schallte durch das ganze Treppenhaus. Es war sehr schmal und wir mussten hintereinander laufen. Wir liefen vorsichtig nach oben. Als wir nach gefühlten 200 Treppen oben keuchend ankamen, waren wir fix und fertig. Wir setzten uns auf die letzte Stufe und holten Luft. Ich sagte: "Denkt ihr wir werden Joseph je wiedersehen?" Sie versprachen mir, dass wir ihn finden. Ich machte mir mega Sorgen um ihn. Deswegen konnte ich nicht still sitzen und ging die Treppen wieder runter. "Ich muss ihn unbedingt finden, er ist doch mein bester Freund!". Josten und John standen ebenfalls auf und gingen mir hinterher. Ich lief immer mehr Treppen runter bis ich endlich unten ankam. Als ich unten war, war alles dunkel nur ein Schild mit der Aufschrift "Notausgang" leuchtete. Ich konnte es nicht fassen "Ein Notausgang", schrie ich aufgeregt. Ich rannte hin, doch die Tür war verschlossen. Wir rannten die Stahltreppen wieder hoch und kamen zu einer Tür. "Hoffentlich ist die jetzt offen", schrie mir Josten über die Schulter zu. Die Tür war offen und führte zu dem Haupteingang. "kommt Jungs, lasst uns im Sekteriat nach Schlüsseln suchen!", sagte ich. Von dem Haupteingang war das Sekteriat nicht weit entfernt. "So Jungs jetzt links hoch", sagte ich. Wir liefen zum Eingangsbereichs vom Sekteriat doch es war verschlossen. Es war ein Zettel dran, auf dem stand "Pech gehabt ". Mir war es in dem Moment egal und ich trat auf die Glastür ein. Ich trat so oft bis sie zerbrach. "Kevin was machst du?", fragten meine Freunde. Es war mir egal, ich trat weiter drauf ein, bis die ganze Tür kaputt war. John und Josten guckten mir zu und wunderten sich. Dann ging ich in das Zimmer hinein und ich leuchtete mit der Taschenlampe hin und her bis ich die Schlüssel sah. Ich nahm sie von Brett und freute mich. Ich wollte mich gerade wieder aus dem Raum machen, da hörte ich John aufschreien. Ich drehte mich um und was mich da erwartete, hätte ich nicht gedacht ……

Kapital 5: SEIN Tod

Es war die Kreatur die John am Hals hielt und mir in die Augen guckte und sagte:" Wenn du mir jetzt nicht die Schlüssel gibst, ist es dein Tod." Ich warf ihm die Schlüssel vor die Füße und zitterte am ganzen Körper. Ich lief nicht weiter. Ich bewegte mich erstmal gar nicht vor Angst. Die Gestalt drehte sich um und ging wieder in den Keller zurück. Ich rannte dann zu John und fragte ob alles gut ist. John ging es einigermaßen gut, nur er hatte einen riesen Schreck. Wir haben ihm hoch geholfen, da er auf dem Boden saß, um sich zu beruhigen. Nachdem wir uns alle wieder beruhigt hatten, liefen wir der Gestalt heimlich hinterher um zu gucken, ob sie Joseph hat. Wir schlichen durch die ganzen Gänge. Die Gestalt ging noch mehr Treppen runter, die wir noch nie gesehen hatten. Wir zögerten nicht und liefen hinterher. Wir sahen, wie die Gestalt in einen hellen Raum ging. Der Raum hatte eine dicke Eisentür als Eingang. Als die Tür hinter ihn zu fiel, sah ich durch einen kleinen Schlitz Joseph. Er war an einen Stuhl gefesselt und sah ängstlich aus. Ich sagte: "Jungs da ist Joseph drinnen." Ich schlich zur Tür und schaute durch das Schlüsselloch. Die Gestalt sagte gerade zu Joseph:" Jetzt hole ich nur noch deine Freunde und dann klappt mein Plan." Joseph hatte mit Tape den Mund zugeklebt. Er murmelte: "Nein das schaffen sie nicht." Auf einmal kam die Gestalt auf die Tür zu. Ich sagte: "Jungs versteckt euch". Meine Freunde legten sich auf den Boden. Da es im Flur dunkel war, konnte man uns nicht sehen. Die Eisentür ging quitschend auf und die Gestalt kam raus. Ich versteckte mich hinter der Tür als sie aufging und hielt die Luft an. Schweiss rinnte mir von der Stirn. Die Gestalt lief die Wendeltreppen hoch. Ich hielt noch rechtzeitig die Tür mit meiner Hand offen, bevor sie zufiel. Und rannte zu Joseph rein.

Kapital 6: Leben und Tod

Joseph sah mich mit ängstlichen Augen an und als er mich erkannte, stöhnte er erleichtert. Ich freute mich, meinen Freund zu sehen und ich fragte: "Ist alles in Ordnung mit dir?" Ich zog Joseph das Tape vom Mund ab. Er quickte etwas und er sagte: "Aua, das könntest du aber ein bischen sanfter abziehen, ja mir geht's gut und euch?" Ich antwortete: "Ja uns geht's gut. Was ist passiert?" Er erzählte uns, dass er von der Gestalt wegrannte, doch dann geschnappt wurde. Er sagte es ginge um Leben und Tod. Da die Kreatur ein Messer hatte. Deswegen ging ich mit." Aber lass uns nicht so viel reden, lass uns abhauen ich weiß, wo ein Ausgang ist" , sagte Joseph. Wir banden ihn los und gingen aus dem Raum und wir rannten so schnell wir konnten Joseph hinterher durch die langen Gänge….

Wir kamen an einen Gullydeckel vorbei. Wir waren bereit zu fliehen, doch dann stand die Kreatur hinter uns sie schrie: "Bleibt stehen, sonst werdet Ihr sterben". Er warf ein großes Messer nach uns und wir schrieen auf. Wir rannten im Zickzack, um nicht getroffen zu werden. Die Gestalt schien aufzugeben, da Sie sich zu Boden sinken ließ. Ich schrie:"Hää, was ist passiert "? Ich wunderte mich, dass die Gestalt so schnell aufgab. Joseph sagte "Ja wir haben es geschafft". Wir liefen zur Kreatur zurück um zu kucken, ob Sie noch lebt und sahen ihre langen scharfen Zähne......

Kapital 7: Ein Ausweg

Nachdem wir die Zähne sahen, wollten wir nur noch weg....Wir rannten zu dem Gullydeckel, den wir gesehen hatten und öffneten ihn. Wir sahen ein langen schwarzen Gang. "Wollen wir da wirklich reirein ?" "Da gibt es bestimmt Raaaaatten "?! stotterte Joseph. "Uns bleibt nichts anderes übrig" sagte ich. Wir krochen durch die langen Gänge bis am Ende des Tunnels und sahen den Ausgang. "Das glaubt uns niemand, wenn wir das erzählen, am besten wir sagen keinem etwas", sagte ich noch, bevor wir aus dem Gully krochen. Also machten wir den Gullydeckel auf und was dann passierte, hätte keiner gedacht. Die Kreatur, unsere Schulkameraden und Klassenlehrerin und unsere Eltern standen da, lachten und riefen: "April, April" ...."Das habt Ihr davon, dass ihr letzte Woche die Schule mit Graffiti vollgesprüht habt" ,sagte unsere Klassenlehrerin. Wir guckten uns verwundert an und lachten auch langsam, als uns klar war, dass das alles nur ein Scherz war. "Das war ein Abenteuer", sagte ich. "Nie wieder sprühen wir Graffiti an die Schulwand!" John und ich stiegen ins Auto von unserer Mutter ein und sagten zu ihr: „So einen Scherz hätten wir dir nie zugetraut". Wir verabschiedeten uns von unseren besten Freunden und fuhren nach Hause. Die ganze Fahrt beschwerten John und ich uns, wie fieß das war. Unsere Eltern lachten die ganze Zeit. Nur wir waren etwas wütend. Mein Bruder war schon im Auto eingeschlafen. Ich machte für die letzten Minuten Fahrt auch noch die Augen zu bis wir ankamen. Als wir zuhause ankamen, freute ich mich, mich endlich ins Bett legen zu können.

Kapital 8: Endlich zu Hause

Wir kamen zuhause an, und ich rannte ohne ein Wort in mein Zimmer und schmiss mich aufs Bett. Und John ging auch in sein Zimmer. Ich dachte noch einige Minuten darüber nach, was heute alles passiert ist und was das für ein Abenteuer war. Ich konnte erst gar nicht die Augen schließen, da ich noch so aufgeregt war, doch dann fielen langsam meine Augen zu und ich schlief ein. Am nächsten Tag beschloss ich mit meinem Bruder, dass wir uns nächstes Jahr am ersten April rächen....

Ende